BEI GRIN MACHT SICH IHR WISSEN BEZAHLT

- Wir veröffentlichen Ihre Hausarbeit, Bachelor- und Masterarbeit

- Ihr eigenes eBook und Buch - weltweit in allen wichtigen Shops

- Verdienen Sie an jedem Verkauf

Jetzt bei www.GRIN.com hochladen und kostenlos publizieren

Bibliografische Information der Deutschen Nationalbibliothek:

Die Deutsche Bibliothek verzeichnet diese Publikation in der Deutschen Nationalbibliografie; detaillierte bibliografische Daten sind im Internet über http://dnb.d-nb.de/ abrufbar.

Dieses Werk sowie alle darin enthaltenen einzelnen Beiträge und Abbildungen sind urheberrechtlich geschützt. Jede Verwertung, die nicht ausdrücklich vom Urheberrechtsschutz zugelassen ist, bedarf der vorherigen Zustimmung des Verlages. Das gilt insbesondere für Vervielfältigungen, Bearbeitungen, Übersetzungen, Mikroverfilmungen, Auswertungen durch Datenbanken und für die Einspeicherung und Verarbeitung in elektronische Systeme. Alle Rechte, auch die des auszugsweisen Nachdrucks, der fotomechanischen Wiedergabe (einschließlich Mikrokopie) sowie der Auswertung durch Datenbanken oder ähnliche Einrichtungen, vorbehalten.

Impressum:

Copyright © 2017 GRIN Verlag
Druck und Bindung: Books on Demand GmbH, Norderstedt Germany
ISBN: 9783668870437

Dieses Buch bei GRIN:

https://www.grin.com/document/453329

Marlen Rademann

Besuch einer Kurseinheit Aerobic. Externe Bedingungen, Kursplananalyse und Planung der Wirbelsäulengymnastik

GRIN Verlag

GRIN - Your knowledge has value

Der GRIN Verlag publiziert seit 1998 wissenschaftliche Arbeiten von Studenten, Hochschullehrern und anderen Akademikern als eBook und gedrucktes Buch. Die Verlagswebsite www.grin.com ist die ideale Plattform zur Veröffentlichung von Hausarbeiten, Abschlussarbeiten, wissenschaftlichen Aufsätzen, Dissertationen und Fachbüchern.

Besuchen Sie uns im Internet:

http://www.grin.com/

http://www.facebook.com/grincom

http://www.twitter.com/grin_com

Deutsche Hochschule für
Prävention und Gesundheitsmanagement
Hermann Neuberger Sportschule 3
66123 Saarbrücken

Einsendeaufgabe

Fachmodul: Gruppentraining 1

Studiengang: BFÖ WS15

**Datum
Präsenzphase:** 13.6.16 – 16.6.2016

Name, Vorname: Rademann, Marlen

Studienort: Leipzig

Semester: WS15

Inhaltsverzeichnis

1 BESUCH EINER KURSEINHEIT 3

   1.1   Kursbesuch: Aerobic 3

   1.2   Motorische Fähigkeiten im besuchten Kurs 3

   1.3   Betrachtung des Kursleiterverhaltens 4

2 EXTERNE BEDINGUNGEN EINER KURSEINHEIT 4

3 KURSPLANANALYSE 6

4 PLANUNG DER WIRBELSÄULENGYMNASTIK 7

   4.1   Zielgruppe 7

   4.2   Material 7

   4.3   Stundenplanung 8

5 LITERATURVERZEICHNIS 14

6 ABBILDUNGS- UND TABELLENVERZEICHNIS 14

   6.1   Abbildungsverzeichnis 14

   6.2   Tabellenverzeichnis 14

1 Besuch einer Kurseinheit

1.1 Kursbesuch: Aerobic

Besuchter Kurs: Aerobic
Allgemeines Warm up: 32 Zählzeiten Tap Front mit der Fußspitze, mit den Armen abwechselnd Bicep- curls
Spezielles Warm up: 32 Zählzeiten V Step nach vorn und V Step nach hinten und mit den Armen Butterfly im 90° Winkel dazu
Hauptteil: 32 Zählzeiten Kombination: V Step nach vorn und dann Knee Lift vorn und der gegenüberliegende Ellenbogen berührt das Knie
Cool-down 1: 32 Zählzeiten Step touch rechts und links abwechselnd dabei Hände in der Hüfte abgelegt
Cool-down 2: Wade dehnen rechts: Ausfallschritt rechter Fuß nach hinten, rechte Ferse auf den Boden drücken und 1 Minute halten

Der Phasenverlauf ist optimal eingeteilt und aufgebaut gewesen und entsprach dem im Studienbrief dargestellten Verlauf.

1.2 Motorische Fähigkeiten im besuchten Kurs

Es wurden folgende motorische Fähigkeiten angesprochen Ausdauer und Koordination.
Definition von Ausdauer: Das ist die Fähigkeit, eine bestimmte Leistung über einen möglichst langen Zeitraum aufrecht erhalten zu können, ohne dabei vorzeitig sowohl körperlich als auch geistig zu ermüden und sich nach dieser Belastung möglichst schnell wieder zu regenerieren (Martin et al., 1993, S. 173).
Aerobic trainiert die Ausdauer weil der Körper über einen Zeitraum von 45-60 min. einer dynamische Belastungen/ Bewegungen zum pausenlosen Musikalischen Takt standhalten muss. Dies ist beim Hauptteil beim V Step zu erkennen: andauernde Schrittfolgen und damit Bewegung mehrerer Gliedmaßen und erhöhte Arbeit des Herzkreislaufsystems.
Definition von Koordination: Aus neuromuskulärer Sicht bezeichnet Koordination das Zusammenwirken von Zentralnervensystem und Skelettmuskulatur innerhalb eines gezielten Bewegungsablaufes (Hollmann & Hettinger, 2000, S. 143).

Z.B. beim Knee- Lift und berühren des gegenüberliegenden Ellenbogens ist das ansteuern und koordinieren verschiedener, beteiligter Muskeln gefragt damit man es (rechtzeitig) schafft, tatsächlich Ellenbogen und Knie zusammenzuführen

1.3 Betrachtung des Kursleiterverhaltens

Tab. 1: Funktionen des Gruppentrainers

Funktion des Gruppentrainers	Aufgabe	Vom Gruppentrainer erfüllt?
Lehrer	leichte Erklärungen	✓
	Auf Fragen eingehen	✓
	Jede Übung begründen, erklären, vormachen und korrigieren können	
Vorbild	Äußeres Erscheinungsbild	✓
	Gesundheit, Fitness, Freundlichkeit, Fröhlichkeit und Spaß vorleben	✓
	Allzeit gute Haltung und überzeugendes Auftreten	✓
Dienstleister	Gute äußere Bedingungen geschaffen	✓
	Als Ansprechpartner vor und nach Kurs fungiert	✓
	Gut vorbereitet und pünktlich erschienen	
Animateur:	Gute Laune und Spaß verbreiten	✓
	Motivierende Ausstrahlung	✓
	Flexibles und professionelles eingehen auf Teilnehmer	✓

2 Externe Bedingungen einer Kurseinheit

Bei den Rahmenbedingungen ist zum einen die Größe des Kursraumes zu beachten, da man mit 4 qm Fläche pro Trainierenden rechnet (M. Reiß & C. Eifler, 2015, S. 97). So muss man vorher planen in welchem Raum man den Kurs machen will und wie viel Quadratmeter dieser hat.

Die Ausstattung ist auch zu kotrollieren, so kann man nicht einen Kurs mit z.B. 30Step Brettern planen und hat dann keine oder zu wenig vor Ort.

Bei der Zielgruppe ist es wichtig das Leistungslevel zu benennen und dies auch in den Kursplan zu notieren z.B. kann man nicht einen Step Aerobic Kurs spontan statt Beginner Level im Fortgeschrittenen Level durchführen, das wäre für Beginner nicht effektiv und würde sie auch noch abschrecken/ einschüchtern.

Welches Geschlecht man ansprechen will sollte vorher geklärt sein, so hat das männliche Geschlecht z.B. oft weniger Erfahrung mit hochkomplexen Koordinationsübungen aber greift dafür ehr zu schweren Hanteln als Umgekehrt die Frauen. Auch das kann bei den Teilnehmern wieder dazu führen, dass sie unzufrieden sind, weil sie im Kurs nicht zu kommen oder sich überfordert fühlen.

Die Zielsetzung ist eines der wichtigsten Kriterien zur Inhaltsplanung des Kurses, denn an ihr orientieren sich die Übungsauswahl und die Gestaltung des Hauptteils.

Es gibt kurz- und langfristige Ziele: kurzfristig wäre z.B. in einem Kurs eine Bewegungsabfolge/ Choreographie zu lernen. Ein langfristiges Ziel ist es, über mehrere Monate wöchentlich Kurse zu besuchen und damit eine gewünschte Steigerung von sportmotorischen Fähigkeiten zu erlangen, speziell hier Kraft, Ausdauer, Beweglichkeit und/ oder Koordination.

Dies ist natürlich nicht nur Messbar an der Kraftsteigerung sondern auch dass das Mitglied nach subjektivem Empfinden dem Kurs leichter folgen kann und es mehr Spaß macht.

3 Kursplananalyse

Abb. 1: Gruppenfitnessplan (Fitness Studio Life Naumburg)

1. Positiv zu nennen ist, dass jeden Tag ein Rückenfit Kurs angeboten wird, so haben Mitglieder jeden Tag die Möglichkeit, diesen Kurs zu besuchen, wenn sie ihn mal verpasst haben.
Kursbeginn und Kursende sind im Kursplan angegeben, das ist gut für die Trainingsplanung der Teilnehmer.
2. Verbesserungsvorschläge sind die Einstufung des Leistungsniveaus aller Kurse, damit das Mitglied auch weiß, ob es effektiv ist in den ausgesuchten Kurs zu gehen. Beim Zumba z.B. sollte man schon einige Grundschritte kennen und die Koordination bereits trainiert haben, um dem Kurs folgen zu können, da es hier kaum Einführung oder Erklärungen der Schritte gibt. Dies führt dazu, dass der neue Teilnehmer sein Herz- Kreislauf- System kaum trainiert und frustriert ist, weil er den Schritten nicht folgen konnte.
3. Zwischen 10.15 Uhr und 17 Uhr finden täglich gar keine Kurse statt und am Wochenende nur je nur ein Kurs, aus wirtschaftlicher Sicht ist es hier fraglich, warum nur so wenig Kurse angeboten werden und ob das Studio am zu diesen Zeiten zu wenig ge-

nutzt wird. Es sollte daher dringend an der Steigerung der Auslastung des Studios und der Kurse gearbeitet werden.

4. Aus organisatorischer Sicht ist es nicht sinnvoll, dass Teilweise keine oder nur kurze Pausen zwischen den Kursen gegeben sind, optimal sind 10 Minuten. „Mit diesen eingeplanten Pausen wird ein permanentes Überziehen der Kurse vermieden, die Kommunikation erhöht und gleichzeitig der Thekenumsatz gesteigert." (M. Reiß & C. Eifler, 2015, S. 147).

5. Die Kursart ist nicht angegeben, so weiß das Mitglied nicht ob der ausgewählte Kurs die motorischen Fähigkeiten anspricht, die er trainieren will, z.B. Kraft, Ausdauer oder Koordination. Aus trainingswissenschaftlicher Sicht ist der Sinn und Zweck von Kursangeboten im Fitness- bzw. Gesundheitsbereich die Gesunderhaltung und Verbesserung der allgemeinen Leistungsfähigkeit (M. Reiß & C. Eifler, 2015, S. 141). Im oben abgebildeten Gruppenfitnessplan ist eben nicht ersichtlich mit welchem Kurs ich welche Verbesserung erreichen kann.

4 Planung der Wirbelsäulengymnastik

4.1 Zielgruppe

Planung einer Wirbelsäulengymnastik: Zielgruppe

Gruppengröße	10 Personen
Geschlecht	Männlich und weiblich
Alter	30 – 60 Jahre
Leistungslevel	Beginner, leicht fortgeschritten (bereits 1,5 -6 Monate Kurserfahrung)

4.2 Material

Benötigtes Material zum Wirbelsäulengymnastik Kurs:
- Musikanlage und entsprechende Musik
- Gymnastikmatten
- Leerer Kursraum für die Erwärmung, Matten stehen an der Seite griffbereit
- Auf 1 Handtuch hinweisen (von den Teilnehmern selbst mitzubringen)

4.3 Stundenplanung

Einleitung: Vor Beginn der Übungen wird die Gruppe begrüßt und es wird sich vorgestellt.

Einige einführende und motivierende Worte sowie technische Hinweise und Schwerpunkte der Stunde werden genannt besonders bei diesem Kurs Einweisung der Beginner. Im Fall der Wirbelsäulengymnastik erkläre ich, dass wir in diesem Kurs der Schwerpunkt auf der Kräftigung der Rumpfstabilisierenden Muskulatur liegt und dass die Teilnehmer immer auf eine aufrechte Körperhaltung achten sollen, d.h. Schultern nach hinten unten ziehen, Brustkorb nach vorn strecken und Bauch anspannen. Während des Kurses soll jederzeit auf die eigene, Gleichmäßige Atmung geachtet werden und Pressatmung vermieden werden, deswegen werde ich dies nicht noch einmal extra bei jeder Übung nennen.

Phase 1: Warm Up (5 Minuten) Allgemeines erwärmen				
Ziel der Übung	Übungsbez./ Name der Übung	Übungsbeschreibung	Belastungsgefüge	Bemerkungen/ Hinweise
Herz Kreislauf System aktivieren	Lockeres Gehen quer durch den Raum	Beim Laufen auf komplettes abrollen der Füße achten	30 Sekunden(Sek.) ohne Pause	Oberkörper (OK) aufrecht
Herz Kreislauf System aktivieren	schnelleres Gehen quer durch den Raum	Beim schnelleren Laufen Arme mitführen und anspannen im rechten Winkel	30 Sek. ohne Pause	OK aufrecht
Herz Kreislauf System aktivieren	Knieheber	Beim Gehen Knie bei jedem Schritt im 90° Winkel hochziehen	1 Minute (Min.) ohne Pause	OK bleibt dabei aufrecht
Herz Kreislauf System aktivieren	Rückwärts gehen	Rückwärts durch den Raum gehen	30 Sek. ohne Pause	OK aufrecht
Herz Kreislauf	Step touch vorn	Teilnehmer (TN) sollen sich	30 Sek.	OK aufrecht,

System aktivieren		im Raum gleichmäßig verteilen, so dass jeder Platz hat und mit der Fußspitze abwechselnd nach vorn tippen	ohne Pause	Gelenke leicht gebeugt, Hände in der Hüfte ablegen
Herz Kreislauf System aktivieren	Step touch vorn + Arme	Step Touch wie oben genannt und nun die Arme gestreckt vor dem Körper auf Schulterhöhe zusammenführen	1 Min. ohne Pause	OK aufrecht, Gelenke leicht gebeugt
Herz Kreislauf System aktivieren	Leg curl	Dynamisch Rechte und linke Ferse abwechselnd Richtung Gesäß ziehen	1 Min. ohne Pause	OK aufrecht, Gelenke leicht gebeugt, Hände in der Hüfte ablegen

Phase 2: Warm Up (6 Minuten) Spezielles erwärmen

Ziel der Übung	Übungsbez./ Name der Übung	Übungsbeschreibung	Belastungsgefüge	Bemerkungen/ Hinweise
Halswirbelsäule mobilisieren	Kopf im Halbkreis bewegen	Kopf Richtung Brust ziehen, Nacken langmachen, dann Kopf zu rechten Schulter drehen, wieder zur Brust und zur linken Schulter drehen	1 Min.: 3-1-3 Sek. TUT	OK aufrecht, Hüftbreiter (hüftbr.) Stand, Gelenke leicht gebeugt, Hände in der Hüfte ablegen
Schultern mobilisieren	Schultern rückwärts kreisen	Hüftbr. Stand: Schultern in alle Bewegungsrichtungen kreisen	1 Min. ohne Pause	OK aufrecht, , Gelenke leicht gebeugt Bauchnabel einziehen
Wirbelsäule mobilisieren	Wirbel für Wirbel ab- und aufrollen	Im Stand: OK Beginnend mit dem Kopf Langsam nach unten rollen, runder Rücken und dann wieder aufrichten	1 Minute: 4-0-4 Sek. TUT	Hüftbr. Stand, Gelenke leicht gebeugt Bauchnabel einziehen

Wirbelsäule mobilisieren	Seitliche Rotation des OK	OK abwechselnd langsam nach rechts und links rotieren dabei Arme auf Schulterhöhe im rechten Winkel, Becken und Beine stehen fest	1 Min.: 2-1-2 Sek. TUT	Hüftbr. Stand, Gelenke leicht gebeugt Bauchnabel einziehen
Hüftgelenk mobilisieren	Becken kreisen	Becken nach vorn aufrichten, nach rechts rechts neigen dann nach hinten kippen, dann nach links neigen. Dann alle Richtung verbinden und kreisen, nach 30 Sek. Richtungswechsel	1 Min. ohne Pause	Hüftbr. Stand, Gelenke leicht gebeugt Bauchnabel einziehen, Hände in der Hüfte ablegen
Material holen für Hauptteil		Matte und Handtuch holen, bei Bedarf etwas trinken	1 Min.	TN im Raum gleichmäßig verteilen und auf ausreichend Platz achten

Phase 3: Hauptteil (22 Minuten)

Ziel der Übung	Übungsbez./ Name der Übung	Übungsbeschreibung	Belastungsgefüge	Bemerkungen/ Hinweise
Kräftigung der Rücken- und Schultermuskulatur	Armheranziehen im Stand mit vorgebeugtem OK dynamisch	Im hüftbr. Stand sind die Beine leicht gebeugt, Hüfte ist im rechten Winkel, bei der Ausgangsposition sind die Arme in U Haltung neben dem Kopf und dann dynamisch über dem Kopf zusammenführen	3-0-3 Sek. TUT 1 Min. lang, 30 Sek. Pause 2 Sätze	OK leicht vorbeugen, Bauch anspannen
Kräftigung der Beinmuskulatur	Kniebeugen im Stand dynamisch	Hüftbr. Stand, Kniegelenke bis ca. 100° beugen, Gesäß dabei nach hinten schieben, als will man sich auf einen Stuhl setzen, Hände in der Hüfte	3-1-3 Sek. (TUT) 1 Min. lang durchführen, 30 Sek. Pause 2 Sätze	Bauch anspannen, Rücken gerade und Schultern tief, Knie bleiben hinter den Zehenspitzen

Ziel der Übung	Übungsbez./ Name der Übung	Übungsbeschreibung	Belastungsgefüge	Bemerkungen/ Hinweise
Kräftigung der Rückenmuskulatur	Butterfly Reverse im Stand	Beine leicht gebeugt, Arme im rechten Winkel vor dem OK, dann Arme und Schulterblätter Richtung Wirbelsäule ziehen und wieder zur Ausgangsposition zurück	3-0-3 Sek. TUT, 1 Min., 30 Sek. Pause, 2 Sätze	OK leicht nach vorn gebeugt, Hüfte im rechten Winkel
Kräftigung von Bauch- und Rückenmuskulatur	Wirbelsäulenrotation im Kniestand, dynamisch	OK mit geradem Rücken 45° nach vorn beugen, Hände im Nacken Ellenbogen zeigen nach außen. Der OK wird bis zur max. Endposition zur Seite rotiert, dann zurück zur Mitte und zur anderen Seite rotiert	3-0-3 Sek. TUT, 1Min. dann 30 Sek. Pause 2 Sätze	Grundspannung im Bauch und Gesäß beibehalten, auf eigene Atmung achten
Kräftigung von Rücken-, Gesäß- und Beinmuskulatur	Diagonales Arm-, Beinheben im Vierfüßler-stand, statisch	Vierfüßlerstand, Knie hüftbreit, eine Ferse nach hinten & diagonalen Arm nach vorn auf Kopfhöhe ausstrecken	10 Sek. Halten, 10 Sek. Pause 6 Wdh. Je Seite	OK und Becken stabil, Blick Richtung Boden
Kräftigung von Bauch- und Rückenmuskulatur	Wirbelsäulenlateral Flexion dynamisch	In der Bauchlage werden die Füße aufgestellt, OK leicht anheben, Hände in den Nacken falten. Oberkörper abwechselnd nach li. & re. Neigen	3-0-3 Sek. TUT 1 Minute dann 30 Sek Pause, 3 Sätze	Spannung in Gesäß- und Bauchmuskulatur beibehalten, Blick Richtung Boden
Kräftigung von Rücken- und Beinmuskulatur	Beckenanheben zur Schulterbrücke, dynamisch	Rückenlage: Beine angewinkelt und Füße aufstellen, Arme liegen neben OK, dann Becken vom Boden abheben bis OK & Oberschenkel eine Linie bilden, dann wieder absenken	3-0-3 Sek. TUT, 45 Sek., 15 Sek Pause, 4 Sätze	Schultergürtel muss permanent Kontakt zum Boden halten
Kurze Pause		Bei Bedarf etwas trinken	30- 60 Sek. Pause	Nun kommen wir zum Dehnen:

Phase 4: Cool-down (12 Minuten)
- mit ruhiger Entspannungsmusik und Licht gedimmt
- langsames einnehmen und verlassen der Dehnpositionen, kein Nachfedern oder Schwung holen

Ziel der Übung	Übungsbez./ Name der Übung	Übungsbeschreibung	Belastungsgefüge	Bemerkungen/ Hinweise
Dehnung Bauch	Dehnung Bauch, aktiv dynamisch	Rückenlage, Arme nach oben & Fersen nach unten schieben, dabei tief in den Bauch atmen	3 Wdh. Je ca. 15 Sek.	Schultern & Nacken bleiben entspannt
Dehnung seitliche Rumpfmuskulatur	Dehnung seitl. Rumpfmuskulatur, aktiv, statisch	Rücklage, Beine angewinkelt: Arme 90° abgespreizt vom OK, nun die Beine zur Seite ablegen	1x Je Seite 45 Sek.	Schultergürtel bleibt auf dem Boden
Dehnung Gesäß	Dehnung Gesäß, passiv statisch	Rückenlage, re. Bein über das li. Schlagen, li. Bein zum Körper heranziehen Wdh. Zur anderen Seite	1x Je Seite 45 Sek. Halten	Auf Knie- & Hüftgelenkbeschwerden achten
Dehnung Beinbeuger	Dehnung der rückseitigen Oberschenkel-Muskulatur, statsich, passiv	Rücklage, Füße aufstellen: ein Bein umfassen und zum OK ziehen, Beinstrecker anspannen & Bein aktiv gestreckt halten	1x Je Bein 45 Sek. Halten	Schultergürtel, Becken & Kopf bleiben locker auf dem Boden
Dehnung Beinstrecker	Dehnen des Beinstrecker, statisch, passiv	Seitlage, Blick nach vorn: der Arm am Boden ist gestreckt, oben liegendes Bein wird knapp übe dem Sprunggelenk gegriffen & die Ferse max. zum Gesäß gezogen, Becken wird nun gekippt.	1x Je Bein 45 Sek. Halten	Brustbein geöffnet, Becken bleibt gerade, Oberschenkel parallel zueinander und parallel zum Boden
Dehnung des Rückenstrecker	Katzenbuckel Aktiv, statisch	Kniestand, Hände schulterbreit, Rücken rund nach oben schieben, Kopf nach unten hängen lassen	45 Sek. Halten, 15 Sek. Pause	Hände in der Hüfte Da nach aufstehen:

Dehnung der hinteren Schultermuskulatur	Dehnen der Schulter, passiv, statisch	Zur Dehnposition rechte Hand auf linke Schulter legen, linke Hand schiebt den angewinkelten Arm zum Körper	Je Arm 1x 30 Sek. Halten	OK Aufrecht
Dehnung Nackenmuskulatur	Nackenmuskulatur dehnen, aktiv, statisch	Im Stand: Kopf zur re. Seite neigen, li. Schulter runterziehen, da nach Seitenwechsel	1x Je Seite 15 Sek. Halten	Blick nach vorn gerichtet, Knie leicht gebeugt

Die 15 – 30 Sekunden Pause nach jeder Übung wurden frei gelassen um die nächste Übung anzusagen und die Teilnehmer die neue Position einnehmen zu lassen.

Nach Ende des Cool-Downs folgt die Verabschiedung: hier eventuell einige Worte zum Stundenverlauf sagen, Feedback geben und Anregungen einholen und natürlich weißt der Gruppentrainer noch auf Angebote (Im Verkauf, an der Theke etc.) und Aktivitäten des Studios hinweisen.

Begründung für die Übungsabfolge sind folgende wichtige Regeln:
Vom großen zum kleinen Muskel, Vom leichten zum Schweren, vom Einfachen zum Komplexen und vom Bekannten zum Unbekannten.
Von Standübungen zu Kniestandübungen und dann Übungen im Liegen.

Ohne Vorbereitung kein Erfolg: Zu Übungsvariationen ist zu sagen: man sollte darauf vorbereitet sein Übungsvariationen nennen zu können, in die oben genannte Kursstunde wurden keine weiteren Variationen eingebaut, da Beginner erst einmal die Basisübungen ausreichend verinnerlichen sollen.

5 Literaturverzeichnis

Reiß M. & Eifler C. (2015). Studienbrief Gruppentraining 1. Saarbrücken: Deutsche Hochschule für Prävention und Gesundheitsmanagement.

Hollmann, W. & Hettinger T. (2000). Sportmedizin. Grundlagen für Arbeit, Trainings- und Präventivmedizin (4. Aufl.). Stuttgart: Schattauer

Martin, D., Carl, K. & Lehnertz, K. (1993). Handbuch Trainingslehre (2. Aufl.). Schorndorf: Hofmann

6 Abbildungs- und Tabellenverzeichnis

6.1 Abbildungsverzeichnis

Abb. 1: Gruppenfitnessplan (Fitness Studio Life Naumburg) 6

6.2 Tabellenverzeichnis

Tab. 1: Funktionen des Gruppentrainers 4
Tab. 2: Planung einer Wirbelsäulengymnastik: Zielgruppe 7
Tab. 3: Phase 1 Warm Up (5 Minuten) Allgemeines erwärmen 8/9
Tab. 4: Phase 2 Warm Up (6 Minuten) spezielles erwärmen 9/10
Tab. 5: Phase 3 Hauptteil (22 Minuten) 10/11
Tab. 6: Phase 4 Cooldown (12 Minuten) 12/13

BEI GRIN MACHT SICH IHR WISSEN BEZAHLT

- Wir veröffentlichen Ihre Hausarbeit, Bachelor- und Masterarbeit

- Ihr eigenes eBook und Buch - weltweit in allen wichtigen Shops

- Verdienen Sie an jedem Verkauf

Jetzt bei www.GRIN.com hochladen und kostenlos publizieren